Christian Lacroix

Christian Lacroix

Christian Lacroix

Christian Lacroix

Christian Lacroix

Christian Lacroix

Christian Lacroix

Christian Lacroix

Christian Lacroix

Christian Lacroix

Christian Lacroix

Christian Lacroix

Christian Lacroix

Christian Lacroix

Christian Lacroix

Christian Lacroix

Christian Lacroix

Christian Lacroix

Christian Lacroix

Christian Lacroix

Christian Lacroix

Christian Lacroix

Christian Lacroix

Christian Lacroix

Christian Lacroix

Christian Lacroix

Christian Lacroix

Christian Lacroix

Christian Lacroix

Christian Lacroix

Christian Lacroix

Christian Lacroix

Christian Lacroix

Christian Lacroix

Christian Lacroix

Christian Lacroix

Christian Lacroix

Christian Lacroix

Christian Lacroix

Christian Lacroix

Christian Lacroix

Christian Lacroix

Christian Lacroix

Christian Lacroix

Christian Lacroix

Christian Lacroix

Christian Lacroix

Christian Lacroix

Christian Lacroix

Christian Lacroix

Christian Lacroix

Christian Lacroix

Christian Lacroix

Christian Lacroix

Christian Lacroix

Christian Lacroix

Christian Lacroix

Christian Lacroix

Christian Lacroix

Christian Lacroix

Christian Lacroix

Christian Lacroix

Christian Lacroix

Christian Lacroix

Christian Lacroix

Christian Lacroix

Christian Lacroix

Christian Lacroix

Christian Lacroix

Christian Lacroix

Christian Lacroix

Christian Lacroix

Christian Lacroix

Christian Lacroix

Christian Lacroix

Christian Lacroix

Christian Lacroix

Christian Lacroix

Christian Lacroix

Christian Lacroix

Christian Lacroix

Christian Lacroix

Christian Lacroix

Christian Lacroix

Christian Lacroix

Christian Lacroix

Christian Lacroix

Christian Lacroix

Christian Lacroix

Christian Lacroix

Christian Lacroix

Christian Lacroix

Christian Lacroix

Christian Lacroix

Christian Lacroix

Christian Lacroix

Christian Lacroix

Christian Lacroix

Christian Lacroix

Christian Lacroix

Christian Lacroix

Christian Lacroix

Christian Lacroix

Christian Lacroix

Christian Lacroix

Christian Lacroix

Christian Lacroix

Christian Lacroix

Christian Lacroix

Christian Lacroix

Christian Lacroix

Christian Lacroix

Christian Lacroix

Christian Lacroix

Christian Lacroix

Christian Lacroix

Christian Lacroix

Christian Lacroix

Christian Lacroix

Christian Lacroix

Christian Lacroix

Christian Lacroix

Christian Lacroix